Inhalt

Personalcontrolling - Die Bewertung des Humankapitals rückt in den Vordergrund

Kernthesen

Beitrag

Fallbeispiele

Weiterführende Literatur

Impressum

Personalcontrolling - Die Bewertung des Humankapitals rückt in den Vordergrund

M. Westphal

Kernthesen

- Die Bedeutung des Personals hat in den letzten Jahren deutlich zugenommen, was auch die Forderung nach einem effektiven Personalcontrolling nach sich zieht.
- Es mangelt immer noch an einer Wertschätzung des Personals, was sich auch in fehlenden standardisierten Kennzahlen manifestiert.
- Der Gesetzgeber verlangt jetzt detaillierte Berichte über das Humankapital im

Lagebericht des Geschäftsberichts.
- Die Personalabteilung gewinnt in der Hierarchie des modernen Unternehmens ein neues Rollenverständnis und muss zur erfolgreichen Lösung seiner Aufgaben ein Controlling mit einem geeigneten Kennzahlensystem aufbauen.

Beitrag

Das Personal hat in den letzten Jahren ständig an Bedeutung gewonnen. Um den gewachsenen Anforderungen gerecht zu werden, bedarf es innerhalb der Personalarbeit auch der Integration eines geeigneten Controllings.

Die Bedeutung des Personals hat in den letzten Jahren deutlich zugenommen, was auch die Forderung nach einem effektiven Personalcontrolling nach sich zieht

Psychologie und Betriebswirtschaft wachsen zusammen. Nicht mehr Konzepte wie Reengineering

oder Lernende Organisation stehen im Vordergrund, sondern Erfolg verspricht nur noch, was den einzelnen Menschen in den Vordergrund rückt. (1)
So wird der Wettbewerb der Zukunft nicht mehr alleine über Preise und Qualität der Produkte bestritten, sondern in ganz besonderem Maße auch über die Unternehmenskultur. (1)
Um die verborgenen Potenziale der Mitarbeiter zu identifizieren und zu entfalten, bedarf es nicht nur einer Organisation, die Mitarbeiter fördert oder aber neuer Wege der Motivation, sondern auch einem umfassenden Personalcontrolling. Hierfür muss aber jedes Unternehmen seine eigene Lösung entwickeln. (1)

Das Personal hat deshalb in den letzten Jahren ständig an Bedeutung gewonnen. Um den gewachsenen Anforderungen gerecht zu werden, bedarf es innerhalb der Personalarbeit auch der Integration eines geeigneten Controllings, um die Arbeit auch effektiv zu steuern. (2)
Inzwischen ist damit auch für die Controller das Humankapital in den Vordergrund gerückt. Sein Beitrag zum Ergebnis des Unternehmens muss sichtbar gemacht und selbstverständlich auch gesteuert werden. Die Psychologie kann hierbei unterstützen, so muss zunächst definiert werden, welche Faktoren überhaupt wichtig sind wie z. B. die Führung. Außerdem muss fixiert werden, welche Ziele

mit welchen Maßnahmen zu steuern sind. Erst dann lassen sich auch entsprechend geeignete Kennzahlen finden bzw. entwickeln. So können z. B. Kostentransparenz und Ausgabenverantwortung der Mitarbeiter Ziele sein. In diesem Zusammenhang können Maßnahmen wie folgt aussehen: Jeder Mitarbeiter bekommt einen Dienstwagen, die Kosten dafür werden aber mit dem Bruttogehalt verrechnet, um das Kostenbewusstsein zu schärfen. Zwar kann dieses dazu führen, dass ein junger Mitarbeiter mit einem BMW M3 beim Kunden vorfährt und sein Chef mit einem Skoda Kombi, aber das wiederum ist dann auch Ausdruck der an den individuellen Bedürfnissen orientierten Firmenkultur. (1)
Innerhalb von Projektarbeit empfiehlt es sich, die Strukturen so einfach wie möglich zu halten, damit jeder einen Überblick über alle Kosten hat. (1)

Es mangelt immer noch an einer Wertschätzung des Personals, was sich auch in fehlenden standardisierten Kennzahlen manifestiert

Ein wesentlicher Bestandteil des Vermögens vieler

Unternehmen sind die immateriellen Werte. Allerdings mangelt es bei der Bewertung dieser an einheitlichen und standardisierten Verfahren oder Kennzahlen. (3)
Im Rahmen der immateriellen Werte ist vor allem das Humankapital als wichtiges Asset hervorzuheben. Im Zuge von betrieblichen Kostensenkungsprogrammen stehen häufig Personal(kosten)einsparungen im Fokus. Und davon ist gerade das Asset Humankapital betroffen, ohne dass damit die einhergehende Wertvernichtung dieses Gutes berücksichtigt wird. (3) Ebenso gewinnt man bei Unternehmensverkäufen den Eindruck, dass der Käufer häufig nur am Unternehmen ohne Mitarbeiter interessiert ist. Denn die Mitarbeiter werden nur unter dem Faktor Personalkosten bzw. zukünftige Personalfreisetzungskosten betrachtet. Für derartige Transaktionen ist der immaterielle Wert der Belegschaft, da nicht quantitativ gemessen und monetär bewertet, kein Entscheidungskriterium für eine Transaktion. (3)
Das Personal ist aber auch als Investitionsgut zu betrachten, für das neben den laufenden Kosten wie z. B. Löhnen und Gehältern auch Investitionskosten durch z. B. Qualifizierung anfallen. Um die Erfolge der Personalarbeit quantitativ zu erfassen ist zu beachten, dass den Kosten auch Erträge gegenüberstehen, nämlich die individuellen Beiträge zur Erreichung der Unternehmensziele. (2)

In wirtschaftlich schwierigen Zeiten halten sich die Investitionen in Qualifizierung und Weiterbildung eher zurück, da der entsprechende Wertbeitrag ungewiss oder aber nicht mess- und dokumentierbar ist. (3)
Auch das Service-Controlling leidet unter dem Mangel an Kennzahlen und dem Einsatz von Controlling-Instrumenten im Personalbereich. Qualitative Wertetreiber aus dem Bereich der Organisation wie Mitarbeiter-Zufriedenheit werden höchstens punktuell erhoben, denn der Fokus der Leistungsmessung ist insgesamt im Unternehmen immer noch zu sehr auf rein finanzielle Größen ausgerichtet. (6)
Ziel eines effektiven Personalmanagements muss eine signifikante Leistungs-, Produktivitäts- und Effizienzsteigerung sein. Und hier kommt dann das Personalcontrolling ins Spiel, welches mittels geeigneter Indikatoren die entsprechenden Nachweise führen muss. (3)

Der Gesetzgeber verlangt jetzt detaillierte Berichte über das Humankapital im Lagebericht des Geschäftsberichts

Inzwischen hat auch der Gesetzgeber reagiert und veranlasst, dass eine bessere Information des Kapitalmarktes durch detaillierte Berichte über das Humankapitals im Lagebericht des Geschäftsberichts festzuhalten ist. Hierbei wird nicht gefordert, die individuelle Kompetenz ökonomischen Prinzipien zu unterwerfen, sondern nur eine ausgewogene monetäre Bilanzierung gemäß den bilanziellen Rahmenbedingungen. Allerdings ist es zurzeit noch relativ unklar, was eine Bewertung des Humankapitals überhaupt umfasst. Die Auswahl der relevanten Parameter ist entscheidend für den zu ermittelnden Wert. Denn gerade die Komplexität, die sich ergäbe, würde die vollständige Kompetenz und Leistungsfähigkeit eines Individuums gemessen, übersteigt sehr schnell rationalen Umfang. (3)
Es ist nämlich auch zu berücksichtigen, dass ein großer Teil der (Aus-)Bildung gerade seinen Wert daraus bezieht, dass sie nicht den Anspruch erhebt, auf ein verwertbares Ziel ausgerichtet zu sein. (3)
Die finanzielle Bewertung des Humankapitals muss bilanzielle Prinzipien mit personalwirtschaftlichen Parametern verknüpfen.
Die Bewertung von Humanvermögen sollte in folgenden Schritten realisiert werden:
- Ermittlung einer Wertbasis, die sich an der Anzahl der Mitarbeiter pro Funktion sowie der marktüblichen Gehälter orientiert.
- Von dieser Wertbasis ist dann der Wertverlust

abzuschreiben, der durch permanenten Wissensverlust und eben auch Fluktuation entsteht. Jede Art von Qualifizierungsmaßnahmen wirkt diesem Wissensverlust selbstverständlich entgegen und der Wertverlust ist entsprechend zu bereinigen.
- Ebenso ist die Wertbasis positiv wie auch negativ zu relativieren um die spezifischen Motivationsfaktoren als Indikator der Motivation und des Commitments. (3)

Die Personalabteilung gewinnt in der Hierarchie des modernen Unternehmens ein neues Rollenverständnis und muss zur erfolgreichen Lösung seiner Aufgaben ein Controlling mit einem geeigneten Kennzahlensystem aufbauen

Die Entwicklung des bisher noch sehr virtuellen Humankapitalwertes kann nur durch entsprechende Personalentwicklungs- und Controllinginstrumente gesteuert werden. Letztendlich sind der Humankapitalwert und seine positiven wie negativen

Veränderungen ein Ausweis des Erfolgs bzw. Misserfolgs des Personalmanagements. (3)

Das Management benötigt bei seiner Steuerung und Kontrolle von Humanressourcen Hilfe durch das Personalcontrolling, um langfristig Erfolgspotenziale im Unternehmen zu erzeugen. Somit gewinnt das Personalcontrolling langfristig auch an strategischer Bedeutung. (4)

Mögliche, sinnvolle Kennzahlen für das Personalcontrolling kommen u. a. aus den Bereichen
- Arbeitsproduktivität
- Arbeitszufriedenheit
- Unternehmenskultur
- Kompetenzen
- Wertschöpfungsprozesse

Das Personalcontrolling kann ein geeignetes Frühwarnsystem entwickeln, um in Verbindung mit den Kennzahlenentwicklungen Schwachstellen aufzuzeigen. Des Weiteren müssen entsprechend geeignete Gegenmaßnahmen abgeleitet werden. (4)

Das führt letztendlich auch zu einem neuen Rollenverständnis der Personalabteilung, die dann nicht mehr reiner Personal-Verwalter, sondern Berater der Geschäftsführung wird und dafür ein durchgängiges Kennzahlensystem benötigt. (4)

Der Aufbau eines geeigneten Kennzahlensystems kann in folgenden Schritten erfolgen:

-Analyse der Unternehmensstrategie (Ziel: Mitarbeiter mit der richtigen Qualifikation zur richtigen Zeit in der richtigen Position zur Verfügung zu haben)
- Ableitung der Personalstrategie (innen: Personalabteilung als effizienter Dienstleister; außen Unternehmen als attraktiver Arbeitgeber)
- Analyse der vorhandenen Personalstrukturkennzahlen
- Ergänzung der Personalstrukturkennzahlen
- Erstellung von Personalprozesskennzahlen (Definition der Personalprozesse wie Mitarbeiterführung und Personalentwicklung oder Vergütung und Beteiligung)

Damit kann die Basis für ein unternehmensweites Kennzahlensystem geschaffen werden, welches sich dann an folgenden Erfolgsfaktoren messen muss:

Nachhaltiger Erfolg

Strukturkennzahl: PersonalaufwandsdatenProzesskennzahl: Personalbeschaffung

Innovation im Dienste des Kunden

Strukturkennzahl: Anzahl Mitarbeiter, die innovative Lösungsvorschläge erstellenProzesskennzahl: Durchlaufzeit Erstellung Lösungsvorschlag und Realisierung

Attraktiver Arbeitgeber

Strukturkennzahl: Anzahl Beschäftigter mit benötigter QualifikationProzesskennzahl: Zeitdauer Stellenausschreibung bis Besetzung

Integrität; interkulturelle Kompetenz

Strukturkennzahl: Führungskräfte pro BereichProzesskennzahl: Potenzialprozess

Sicherheit; Gesundheit

Strukturkennzahl: Anzahl KrankmeldungenProzesskennzahl: Senkung Krankenstand
(4)

Wichtig für ein aussagekräftiges Controlling im Bereich Personal ist auch die Differenzierung zwischen direkten und indirekten Kosten. So sind im Bereich Personalbeschaffung als direkte Kosten zu nennen:
- Kosten für Anzeigen
- Gebühren für Personalvermittler
- Kosten für Vorauswahl der Bewerber
- Kosten für Assessment Center
- Aufbau und Pflege von Hochschulkontakten
- Reisekosten für Bewerber und Personalberater
- Kosten für Wohnungssuche, Umzug, etc.
- Signing Bonus

Als indirekte Kosten sind zu berücksichtigen:
- Zeitanteilige Lohnkosten der Interviewer für die Auswahlinterviews
- Kosten der Geschäftsleitung
- Prozesskosten
(4)

Natürlich wird die erfolgreiche Einführung eines Personalcontrollingsystems auch von Erfolgsfaktoren beeinflusst:
- Frühzeitige Einbindung Betriebsrat
- Einbindung wichtiger Führungskräfte
- Verankerung Personalcontroller in der Hierarchie
- Einführung eines standardisierten

Personalcontrollingprozesses

Fallbeispiele

Bei der Skytec AG ist die Firmenkultur dadurch bestimmt, dass der Mitarbeiter das vereinbarte Ziel im Auge behält. Dann kann er seinen Job vollständig selbst organisieren und bleibt auch von weiteren Vorgaben unbehelligt. (1)

Oftmals werden in Unternehmen im Zusammenhang mit Stellenabbau beeindruckende Einsparungen an das Topmanagement gemeldet. Der Haken daran ist, dass der Finanzchef diese Einsparungen in der Bilanz häufig nicht wieder findet, da das Personal nur von einer Kostenstelle auf die nächste verschoben wurde. Der VW-Vorstand, der Projekte zur Ergebnisoptimierung aufgelegt hat, darunter das ForMotion-Programm, führte dazu, dass eine bereichsübergreifende Optimierung in den Fokus der Maßnahmen gerückt wurde. So war die Personalabteilung aufgefordert, aufgrund von Prozessoptimierungen freiwerdende Mitarbeiter, gezielt für den Ressourcenbedarf neuer Projekte an anderer Stelle zu planen und ggf. rechtzeitig

zusätzlich zu qualifizieren. Nachträgliche Berechnungen aus einkaufsrelevanten Projekten ergaben, dass die Projektmitarbeiter heute Einsparungen erzielen, die ein Vielfaches ihrer Arbeitsplatzkosten übersteigen.
Das Controlling muss analysieren, welche Kosten durch Prozessoptimierungsprojekte eingespart werden können und welche Werte dann neue Initiativen (im Vergleich zu den neu entstehenden Kosten) schaffen, für die die überzähligen Mitarbeiter dann verantwortlich sind. (7)

Weiterführende Literatur

(1) Die Psychologen kommen Erfolgreiche Unternehmer ignorieren zunehmend die Konzepte von der Stange - und widmen sich der Befindlichkeit ihrer Leute.
aus Impulse vom 01.07.2005, Seite 76

(2) Süß, Stefan, Personaltheorie Status quo und Perspektiven der Forschung, Wirtschaftswissenschaftliches Studium, Heft 07/2005, S. 380-384
aus Impulse vom 01.07.2005, Seite 76

(3) Bewertung des Faktors Mensch
aus FAZ.NET, 08.04.2005

(4) Personalcontrolling - Praxisbeispiel zur Einführung

eines Kennzahlensystems
aus Bilanzbuchhalter und Controller, Heft 04/2005, S. 76

(5) Für 73 Prozent der Firmen ist "Humankapital" kein Thema
aus DIE WELT, 06.08.2005, Nr. 182, S. B4

(6) Mahnel, Matthias, Wachstum durch exzellente Führungs- und Steuerungssysteme What you can't measure you can't manage aktuelle Studie „Exzellenz im internationalen Service Controlling" belegt großen Handlungsbedarf, Service today, Heft 3/2005, S. 15-17
aus DIE WELT, 06.08.2005, Nr. 182, S. B4

(7) Mahler, Daniel; Hofmann, Martin, Werte schaffen statt entlassen, Harvard Businessmanager, 31.05.2005, Nr. 6, S. 16
aus DIE WELT, 06.08.2005, Nr. 182, S. B4

Impressum

Personalcontrolling - Die Bewertung des Humankapitals rückt in den Vordergrund

Bibliografische Information der deutschen Nationalbibliothek

Die Deutsche Nationalbibliothek verzeichnet diese Publikation in der deutschen Nationalbibliografie; detaillierte bibliografische Daten sind im Internet über http://dnb.d-nb.de abrufbar.

ISBN: 978-3-7379-0024-9

© 2015 GBI-Genios Deutsche Wirtschaftsdatenbank GmbH, Freischützstraße 96, 81927 München, www.genios.de

Alle Rechte vorbehalten. Dieses Werk ist einschließlich aller seiner Teile – z.B. Texte, Tabellen und Grafiken - urheberrechtlich geschützt. Jede Verwertung außerhalb der Grenzen des Urheberrechtsgesetzes bedarf der vorherigen Zustimmung des Verlags. Dies gilt insbesondere auch für auszugsweise Nachdrucke, fotomechanische

Vervielfältigungen (Fotokopie/Mikroskopie), Übersetzungen, Auswertungen durch Datenbanken oder ähnliche Einrichtungen und die Einspeicherung und Verarbeitung in elektronischen Systemen.